AF609091

PAPIER
FRESSERCHEN
MIM-VERLAG
DIE BÜCHER MIT DEM DRACHEN

Impressum:

Besuchen Sie uns im Internet:
www.papierfresserchen.eu

Mühlstraße 10 – 88085 Langenargen
info@papierfresserchen.de

Die Illustrationen wurden mithilfe von Künstlicher Intelligenz (KI) erstellt.
Die Beschreibungen und Konzepte für die Bilder stammen von der Autorin.

Gedruckt in Polen

ISBN: 978-3-96074-851-9 - Taschenbuch

Wenn das Nest zu Hause bleibt

Eine Kindergeschichte über das Nestmodell nach Trennung oder Scheidung

Nanja Holland

Das ist unser Zuhause.

Hier wohnen wir, Mia, das bin ich, und Max, mein Bruder.
Mit Mama und Papa.

Wir mögen unser buntes Haus und nennen es „unsere Villa Kunterbunt“.

Das Haus ist alt und nicht besonders schön, aber es hat einen großen Garten. Hier fühlen wir uns pudelwohl.

Das ist unsere Familie.

Ich bin Mia und fünf Jahre alt.
Mein Bruder Max wird bald zehn.

Mama und Papa kennen sich schon lange. Sie sind als Kinder sogar zusammen zur Schule gegangen. Heute ist Papa Lehrer und Mama arbeitet als Architektin.

In letzter Zeit, das spüren Max und ich deutlich und haben uns auch schon darüber unterhalten, stimmt zwischen den beiden irgendetwas nicht. Mama ist oft traurig und Papa kommt immer später aus der Schule nach Hause.

Das gefällt Max und mir gar nicht.

Eines Tages ist es dann so weit. Mama und Papa kommen zu uns ins Kinderzimmer. „Kommt mal her, ihr zwei“, sagt Mama. „Wir haben euch etwas zu sagen.“

Max und ich ahnen schon, was nun passieren wird.

„Wir, das heißt Mama und ich, haben uns entschieden, getrennt zu leben“, erklärt Papa, der heute ein bisschen müde aussieht, während er Max und mich anschaut.

Mama nickt zustimmend und nimmt uns in den Arm. „Das bedeutet aber nicht, dass Papa und ich euch nicht mehr lieb haben“, fügt sie hinzu. „Ganz im Gegenteil. Wir bleiben immer eure Eltern und sind immer für euch da.“

Max und ich spüren, dass hier gerade etwas Wichtiges in unserem Leben passiert, und hören aufmerksam zu. Unsere Herzen klopfen allerdings schneller als sonst, denn wir wissen nicht, was das alles genau für uns bedeutet.

Natürlich wissen wir, dass Eltern sich manchmal trennen und nicht mehr zusammenleben wollen. Pauls Papa ist vor einem Jahr ausgezogen. Pauls Eltern streiten sich seitdem ständig.

Um Paul.
Ums Geld.
Um die neue Freundin von Pauls Papa.

Das wollen wir nicht! Wir wollen keinen Streit!

Natürlich sind wir neugierig, aber und auch ein wenig besorgt, wie es nun mit unserer Familie weitergehen wird.

„Wie wird dann alles sein?“, frage ich mit großen Augen, meine Stimme zittert ein wenig.

Max nickt zustimmend, während er mich anschaut und seine Hand fest in meine drückt. Er fragt leise: „Wird es dann noch genauso sein wie vorher?“

Mama lächelt sanft und erklärt: „Es wird ein bisschen anders sein, aber wir haben einen Plan, der euch beiden Sicherheit geben soll.“

Mama holt aus ihrer Hosentasche eine Zeichnung heraus. Diese zeigt ein Nest. Ein Vogelnest.

„Mama", rufe ich entrüstet. „Sollen wir jetzt in einem Nest wohnen? Was ist mit unserem Haus? Ich will hier nicht weg!"

Mama und Papa schauen sich an und müssen sogar ein wenig lachen. „Papa und ich", sagt Mama schließlich, „werden abwechselnd bei euch wohnen. Für euch ändert sich nichts. Ihr bleibt hier in unserem Haus." Sie zeigt mit einem Finger auf das Bild. „Man nennt diese Art zu wohnen, wenn Eltern sich trennen, Nestmodell."

„Wenn Mama bei euch hier im Haus ist, wohne ich in meiner neuen Wohnung, und wenn ich bei euch bin, wohnt Mama in ihrer neuen Wohnung", fügt Papa hinzu.

Max und ich schauen uns Mamas Bild genau an. Max stellt sich wohl gerade vor, wie Mama und Papa sich abwechseln, und ich frage, ob meine Spielsachen und mein Zimmer so bleiben können wie immer.

„Ja, alles bleibt hier, wie es ist", sagt Mama beruhigend. „Nur Papa und ich wohnen nicht mehr gleichzeitig hier."

Max und ich verstehen langsam. Unsere Familie wird quasi eine zweite und dritte Wohnung haben, in der Mama und Papa wohnen, wenn sie nicht bei uns sind.

„Euer Nest, Mia und Max, bleibt das gleiche. Ihr behaltet in unserem Haus hier euer Kinderzimmer, könnt unbeschwert im Garten spielen, umgeben von allem, was ihr kennt und liebt." Mama lächelt.

„Mama und ich haben bereits neue Wohnungen gefunden. Eigentlich ist es sogar ein kleines Haus, in dem Mama und ich jeweils eine kleine Wohnung haben werden. Mama oben, ich unten. Das Haus liegt nur ein paar Straßen entfernt. Es ist ziemlich alt, aber das kriegen wir hin. Ihr müsstet es sogar kennen. Früher hat hier Pauls Oma gewohnt. Seit sie krank ist und im Altenheim lebt, stand das Haus leer. Mama und ich haben es von Pauls Eltern gemietet."

Das Haus kenne ich tatsächlich! Max war mit Paul mal zum Spielen da und ich habe ihn zusammen mit Papa bei seiner Oma abgeholt. Da waren Pauls Eltern noch nicht geschieden.

Max und ich dürfen helfen, die beiden neuen, ziemlich kleinen Wohnungen in dem alten Haus von Pauls Oma für Mama und Papa einzurichten. Auch wenn das aus einem nicht so schönen Anlass passiert, macht es Max und mir doch viel Spaß.

Und dann ist es so weit. Papa packt seine letzten Sachen, die er noch mitnehmen will, in einen Koffer, nimmt Max und mich in den Arm. Er drückt uns ganz doll, gibt uns beiden einen Kuss. Er wird in dieser Nacht das erste Mal in seiner neuen Wohnung schlafen.

Ich begleite ihn zur Tür.

Mama bleibt an diesem Tag bei uns. Es ist eigentlich alles so wie immer. Nur dass Papa nicht da ist. Aber den rufen wir vor dem Schlafengehen noch an, winken ihm zu und schicken ihm ein Küsschen über den Bildschirm von Mamas Handy.

Bald schon hat sich das Ganze eingespielt.

An manchen Abenden ist Mama da, sitzt auf der Bettkante und liest und eine Gutenachtgeschichte vor, ihre Stimme sanft und beruhigend wie immer. Sie ist nun auch gar nicht mehr traurig.

An anderen Abenden ist es Papa, der uns beim Zähneputzen hilft und uns dann ins Bett bringt. „Mama und ich, wir sind beide immer für euch da", versichert Papa uns eines Abends noch einmal, während er mir und Max über den Kopf streicht.

Mama und Papa wechseln sich bald wochenweise ab. Eine Woche lang ist Mama bei uns, in der anderen Papa.

Max und ich, wir bleiben immer in unserem kleinen Nest. Nur manchmal, wenn Mama oder Papa etwas in ihrer neuen Wohnung vergessen haben, was am Anfang öfter passiert, gehen wir mal mit dorthin.

Mama hat in ihrer Wohnung nur ein ganz kleines Schlafzimmer. Da reicht das Bett von einer Wand zur anderen. Max und ich finden das ziemlich lustig.

Max und ich sind glücklich, als wir merken, dass sich unser Alltag gar nicht so verändert hat. Früher waren Mama und Papa ja auch nicht immer beide gleichzeitig zu Hause.

Mama und Papa haben sich zwar getrennt und leben nicht mehr zusammen, aber beide sich viel glücklicher als in der Zeit vor ihrer Trennung. Mama lacht viel und Papa ist immer zu Scherzen aufgelegt.

Und Max und ich? Wir können unsere Eltern trotz der Trennung ganz nah bei uns haben und in unserem Zuhause bleiben. Unsere Spielsachen, unsere Betten und all unsere Lieblingsdinge bleiben an ihrem Platz.

„Schau, das ist mein neues Lieblingsbuch“, ruft Max und zeigt es Mama, als wir in der Küche sind.
Papa hat ihm das Buch letzte Woche in „seiner Papa-Woche“ geschenkt, weil Max so eine Leseratte ist. Genau wie Papa

„Eine schöne Geschichte“, sagt Mama. „Und das Buch bleibt immer hier – genau wie du.“

Ich kann noch nicht lesen. Deshalb haben Max und ich zusammen mit Papa einen bunten Kalender gebastelt. Dort ist jede Woche markiert:

Mamas Woche ist grün, Papas Woche lila.

Wir streichen auch immer die Tage ab, dann weiß ich, wann die beiden wechseln. Ist ein bisschen wie mit unserem Adventskalender vor Weihnachten. Nur dass es nicht jeden Tag Geschenke gibt ...

Wenn ich unsicher bin, kann ich immer auf dem Kalender nachsehen, wer mich wann ins Bett bringt oder wer Max und mir das Frühstück macht.

„Das gibt uns ein gutes Gefühl“, sagt Max zu mir und streicht den Sonntag ab. Morgen, am Montag, wird Papa morgens bei uns sein und Mama für eine Woche in ihrer kleinen Wohnung wohnen.

Ach ja, und seit ein paar Wochen lebt auch Möppel bei uns in unserem Nest, er ist ein kleiner, frecher Hund ...

Egal ob Mama oder Papa da ist, Max und ich wissen, dass wir immer geliebt werden. Natürlich ist unser Familienleben anders als bei anderen Kinder. Aber wir verstehen auch, das haben Mama und Papa uns lange erklärt, dass sich Erwachsene auch mal streiten und dann nicht mehr zusammenleben möchten.

Max streitet sich ja auch mal seinem Freund Paul. Na ja, und meine Freundin Lilly und ich sind manchmal auch böse aufeinander.

Max und ich sind auf jeden Fall froh, dass sich Mama und Papa nicht immer streiten. Sie sind wohl so was wie Freunde geworden, aber eben kein Liebespaar mehr.

Im Kindergarten habe ich erzählt, dass Max und ich jetzt in einem richtigen Nest wohnen. Das wollten die anderen Kinder mir aber nicht glauben.

Egal, ich weiß, dass es so ist, und ich bin froh, dass Mama, Papa, Max und ich immer noch eine Familie sind ..., wenn wir auch anders leben als andere Familien.

Vielleicht ist das Nestmodell ja auch etwas für
deine Familie nach einer Trennung ...

Informationen zum Nestmodell für Eltern und Pädagogen

Das Nestmodell – Ein Zuhause für Kinder nach der Trennung

Was ist das Nestmodell?
Das Nestmodell ist eine innovative Form der Kinderbetreuung nach einer Trennung der Eltern. Im Gegensatz zu anderen Modellen, bei denen Kinder stets zwischen den Haushalten der Elternteile pendeln, bleibt beim Nestmodell das gemeinsame Zuhause der Kinder erhalten. Die Eltern wechseln sich ab, um im „Nest“ bei den Kindern zu wohnen.

Vorteile für die Kinder:

- **Stabilität und Sicherheit:** Kinder erfahren eine hohe Stabilität, da sie in ihrer gewohnten Umgebung bleiben und nicht ständig ihre Umgebung wechseln müssen. Dies gibt ihnen ein Gefühl von Sicherheit und Geborgenheit, was besonders in einer Zeit großer Veränderung wichtig ist.
- **Emotionale Bindung:** Durch denhäufigenKontakt zu beiden Elternteilen wird die emotionale Bindung zu beiden gestärkt. Kinder fühlen sich nicht zwischen zwei Welten hin- und hergerissen.
- **Weniger Stress:** Das Pendeln zwischen zwei Haushalten fällt weg. Dadurch wird der Stress für die Kinder deutlich reduziert und sie können sich besser auf ihren Alltag konzentrieren.
- **Soziale Kontakte:** Freunde, Schule und Freizeitaktivitäten bleiben erhalten, was die soziale Entwicklung der Kinder positiv beeinflusst.

Wie funktioniert das Nestmodell in der Praxis?

- **Klare Absprachen:** Eltern legen gemeinsam einen festen Wechselrhythmus fest, um sicherzustellen, dass jedes Kind ausreichend Zeit mit beiden Elternteilen verbringen kann.
- **Separate Wohnungen:** Neben dem gemeinsamen Zuhause haben beide Elternteile eine eigene Wohnung, in der sie leben, wenn sie nicht im Nest sind.
- **Offene Kommunikation:** Eine offene und ehrliche Kommunikation zwischen den Eltern ist entscheidend für den Erfolg des Modells.
- **Flexibilität:** Das Nestmodell ist flexibel und kann an die individuellen Bedürfnisse der Familie angepasst werden.

Für wen ist das Nestmodell geeignet?

Das Nestmodell ist besonders gut geeignet für Eltern, die:

- eine gute Kommunikationsbasis haben
- bereit sind, zum Wohle ihrer Kinder zusammenzuarbeiten
- die finanziellen Mittel für zwei Haushalte haben
- bereit sind, einen hohen organisatorischen Aufwand zu betreiben

Herausforderungen:

- **Finanzielle Aspekte:** Die Unterhaltung von zwei Haushalten kann eine finanzielle Belastung darstellen.
- **Logistik:** Die Koordination der verschiedenen Wohnorte erfordert eine gute Planung.
- **Emotionale Belastungen:** Die Trennung kann auch für die Eltern emotional belastend sein, was die Umsetzung des Modells erschweren kann.

Das Nestmodell bietet Kindern nach einer Trennung eine stabile und sichere Umgebung. Es ermöglicht ihnen, eine enge Beziehung zu beiden Elternteilen aufrechtzuerhalten, das kann ihre Entwicklung positiv beeinflussen. Obwohl es Herausforderungen mit sich bringt, kann das Nestmodell eine gute Lösung sein, wenn die Eltern bereit sind, zum Wohle ihrer Kinder zusammenzuarbeiten. Therapeuten oder Mediatoren können bei der Einführung und Umsetzung des Nestmodells eine äußerst wertvolle Rolle spielen. Sie unterstützen die Eltern dabei, Konflikte zu lösen, eine konstruktive Kommunikation zu etablieren und gemeinsame Entscheidungen zu treffen. Sie können zudem dabei helfen, einen individuellen Erziehungsplan zu entwickeln, der die Bedürfnisse aller Beteiligten berücksichtigt, und auch hilft, die Trennung selbst zu verarbeiten und die damit verbundenen Emotionen zu bewältigen.

Das Nestmodell kann sowohl positive als auch negative Auswirkungen auf die Geschwisterdynamik haben. Geschwister können sich gegenseitig stützen und trösten, wenn die Eltern abwesend sind. Sie können gemeinsam Rituale und Traditionen pflegen, die ihnen ein Gefühl von Sicherheit geben. Es ist wichtig, dass Eltern die Geschwisterdynamik im Blick behalten und bei Bedarf Unterstützung suchen. Denn sonst kann es auch zu Geschwisterzwist und Eifersucht kommen.

Unser Buchtipp:

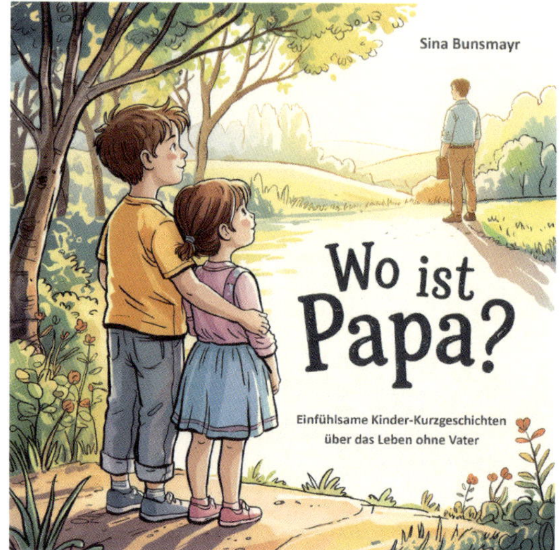

Sina Bunsmayr
Wo ist Papa?
Einfühlsame Kinder-Kurzgeschichten
über das Leben ohne Vater
ISBN: 978-3-99051-388-0,
28 Seiten, farbig illustriert

Wo ist Papa? – Diese Frage stellen sich viele Kinder. Manchmal laut, manchmal leise. Und immer steckt ein ganzes Herz dahinter. In diesem liebevoll erzählten Buch begleiten wir verschiedene Kinder von zwei bis etwa zehn Jahren in ihren ganzen eigenen Geschichten. Sie erzählen, warum ihr Papa nicht bei ihnen ist – weil er weit weg lebt, gestorben ist, krank ist, gegangen ist oder gar nie eine Rolle in ihrem Leben gespielt hat. Manche haben zwei Mamas. Manche kennen ihren Vater nur aus Geschichten. Manche warten, manche hoffen – und alle fühlen.

Einfühlsam, tröstlich und mit großem Respekt vor den Gefühlen der Kinder nähert sich dieses Kinderbuch einer Lebensrealität, die viele betrifft, aber selten so offen und ehrlich erzählt wird. Die Geschichten machen Mut, schenken Verständnis und zeigen: Es gibt viele Arten von Familie – mit und ohne Vater.

Im Anhang finden sich außerdem:

Tipps für Erwachsene, wie schwierige Gespräche mit Kindern feinfühlig und ehrlich geführt werden können. Impulse für kleine Rituale und kreative Alltagsideen, die Kindern helfen, mit dem Thema „Papa fehlt“ umzugehen. Sowie ein liebevoller Brief an das Kind, der Mut macht, die eigene Geschichte in all ihren Farben zu fühlen und zu leben. Platz für Kinder, um ihre eigenen Gedanken aufzuschreiben oder zu malen. Ein Buch zum Vorlesen, Nachfühlen – und Dasein.

Printed in Poland
by Amazon Fulfillment
Poland Sp. z o.o., Wrocław

66269036R00019